Bernhard Zahn

Da lacht der Hund

Die besten Witze rund um den Hund

Band 1

Vorwort

Seit undenklichen Zeiten ist der Hund der Begleiter der Menschen. Damals, als er domestiziert wurde, hätte wohl niemand gedacht, wie stark die Bindung in manchen Fällen werden kann. Die Treue und Lernbereitschaft machen den Hund heute nicht nur zum Gebrauchshund und Arbeitstier, sondern auch zum Freund. Sei es bei den Einsätzen als Such- und Spürhund, oder als Begleiter von Blinden ist er in der heutigen Zeit nichtmehr wegzudenken. Selbst bei verschiedenen Formen der medizinischen Betreuung, als Therapiehund, ist er vor Ort. Viele Geschichten ranken sich um die Beziehung zwischen Mensch und Tier. Verflucht und verachtet auf der einen Seite. Bewunderung und Anerkennung auf der anderen. Doch neben all den ernsten Dingen gibt es auch lustige Begebenheiten und Anekdoten. Begründet auf das Letztere habe ich aus meiner reichhaltigen Sammlung von „Hundewitzen" für dieses Buch einige zur Verfügung gestellt. Sicherlich ist es hier nicht nur der Hund über den man schmunzeln oder lachen kann.

Danksagung

Bedanken möchte ich mich an dieser Stelle bei all den bekannten und unbekannten Zeichner der folgenden Bilder. Mein Dank auch denen, die mich ermutigt haben dieses Werk in Angriff zu nehmen und zur Vollendung zu bringen. Desweiteren bei BOD für die zugrundliegende Verlagsarbeit. Besonderer Dank gilt meinen Eltern und nicht zuletzt meiner lieben Frau für das entgegengebrachte Verständnis.

Titelbild: Daisy (Krümel) Prinzessin von Schloß Sonnentor (1 Jahr)

Ondra von der Fronwiese mit ihren drei Welpen –
Aramis, Arief und Arthos

Druck	BOD
Herstellung und Verlag	Books on Demand GmbH, Norderstedt
Autor	Bernhard Zahn
Herausgeber	M. Zahn
Copyright	M. Zahn, Hockenheim

Der Nachdruck, auch Auszugweise, ist nur mit schriftlicher Genehmigung des Autors oder des Herausgebers gestattet. Die Verwendung oder Vervielfältigung in anderen Medien ist verboten.
ISBN 3-8334-4583-1

- Ohne Worte -

"………und dann kam der böse, böse Mann und nahm dem lieben, kleinen Hund den wunderschönen, großen Knochen weg!"

- Ohne Worte -

„ War das heute die ganze Post ?"

„Sie sehen doch, mein Fiffi fällt unter das Handgepäck, da darf er mit mir in der Kabine mitfliegen!"

„ Hast du dir mal überlegt, daß er gar nicht Gassi gehen möchte ?"

„Alwin bringt heute seinen Freund mit!"

„Wo hast du dich denn wieder herumgetrieben? Das ist die Zeitung von gestern!"

„Jetzt scheint er es endlich begriffen zu haben!"

- Ohne Worte -

„ Anderseits hat man ja auch viel Freude mit ihm ...!"

„ Ich glaube, sie meint dich ....!"

„Er passt prima zu unserer Familie. Er ist aufsässig, faul und gefräßig ...!"

„Am Gartentor steht: Warnung vor dem Hund. Aber wir haben doch weder einen Hund gehört noch gesehen ...!"

„Nimmst du mir bitte das Paket vom Schlachter ab, Papa?"

„ Go, Husky, go !"

„ Na, was hat denn mein Waldi heute in der Hundeschule gelernt?"

20

"Liebes Frauchen! Liebes Herrchen!

Millionen von Hunden haben eine klare Vorstellung über das Zusammenleben zwischen Mensch und Tier. Doch wie denken wir Hunde darüber?

Wer hat behauptet Hunde mögen Hundefutter?

Das stimmt nicht und ihr wisst das. Nett wie ihr seid teilt ihr den Inhalt des Kühlschrankes mit uns. Das führt dazu, daß der eine oder andere von uns vollschlank ist. Und es kann vorkommen, daß ihr auf unser Gewicht angesprochen werdet. Wenn ihr dann, wie aus der Pistole geschossen antwortet: Das ist bloß das Winterfell, gehört ihr zu denen von uns bevorzugten Typus Hundehalter. Ihr behandelt uns als ebenbürtige Familienmitglieder. Auch was die Wahl der Nahrungsmittel betrifft, laßt ihr euch nicht von Pseudoexperten verunsichern.

Einige behaupten ja sogar, der Hund habe keine Geschmacksnerven.

Unsinn!

Ich versichere euch, daß wir wohl wissen, wie gut ein Stück Fleischwurst oder ein Vanilleeis schmeckt.

Ob das mal stimmt, Hunde dürfen nicht auf's Sofa?

Quatsch!

Ihr solltet euch im eigenen Interesse eine gelassenere Haltung angewöhnen. Fortgeschrittene Hundehalter haben längst erkannt, daß das Sofa ein Platz für das ganze Rudel ist.

Außerdem stärkt das gemeinsame Fernsehen den Zusammenhalt der Gruppe. Wir wissen es zudem zu schätzen, wenn uns der beste Platz nauf dem Sofa überlassen wird und wir nicht nur auf einem Randplatz geduldet werden. Aber habt keine Sorgen: Wir haben trotzdem noch Respekt vor euch. Ganz ehrlich!

Eine gemeine Unterstellung: Hunde brauchen Benimm.
Stimmt nicht!

Etwa wenn Besuch kommt. Natürlich sind euere Freunde auch un-sere Freunde – vorausgesetzt sie verfügen ihrerseits über die nötigen Umgangsformen und bringen nicht nur euch etwas mit, sondern haben auch für uns ein Leckerchen dabei. Nicht verstehen können wir, warum ihr – nur weil esuch kommt – uns nach draußen schickt. Ihr müßt euch dann nicht wundern, wenn wir dann ungehalten reagieren.

Richtig ist, daß das Herrchen immer voraus geht.
Nein!!

Die schönsten Strecken kennen immer noch wir. Nicht nur Menschen sind Gewohnheitstiere, sondern auch wir. Ihr mögt es vielleicht langweilig finden, jeden Tag die gleiche Strecke zu gehen. Wir nicht. Schließlich ist das unser Revier, das wir täglich abschreiten, markieren und gegen Eindringlinge verteidigen müssen. Jede Hinterlassenschaft eines Artgenossen ist für uns eine wichtige Nachricht. Einfühlsame Frauchen und Herrchen überlassen deshalb beim Spazierengehen stets ihrem Hund die Führung. So mögen wir es!

22

Seid ihr euch da ganz sicher? Hunde sollen gehorchen ......

Sitz, Platz, mach Männchen. Jetzt mal ehrlich: Als sensible und kultivierte Menschen sind diese herrischen Worte doch ein Gräuel.

Also: Unterwegs müßt ihr diesen Kasernenton nicht anschlagen. Wir verstehen euch auch so. Und in den meisten Fällen sind Befehle sowieso völlig überflüssig. Warum sollten wir an jeder Kreuzung Sitz machen – noch dazu, wenn der Bürgersteig naß ist? Ja, ich weiß, ihr habt da ein neues tolles Hundeerziehungsbuch. Trotzdem: Es gibt **keinen** vernünftigen Grund, sich in eine Pfütze zu setzen. Es sei denn, hier soll Macht demonstriert werden. Und das habt ihr ja wohl nicht nötig. Wir wissen doch, daß ihr der Boss seid. Schließlich bezahlt ihr die Fleischwurst, das Vanilleeis und, ach ja, das Sofa natürlich auch.....

Das glauben nur Zweibeiner: Hunde müssen in die Schule.

Es vergeht kein Wochenende, an dem nicht eine Hundeschule in der Zeitung ihre Dienste anpreist. Neben "Problemhundeerziehung" wird auch mit der Ausbildung zum Begleithund geworben. Natürlich "begleiten" wir euch gerne. Doch diese wochenlangen Vorbereitungen auf die Begleithunde-prüfung sind nichts als Stress. Vorallem für euch. Zum ersten Mal in euerm Leben werdet ihr öffentlich so richtig abgekanzelt. Ihr könnt nicht mehr richtig schlafen, weil wir dreißig Zentimeter zu weit rechts laufen,

und fühlen sich als Versager, weil wir vor Aufregung Sitz mit Platz verwechseln. Hinzu kommt, daß wir den Sinn vieler Übungen nicht verstehen. Lebenslanges Lernen gut und schön. Aber: Machen euch solche Übungen wirklich Spaß?
Uns nicht!
Liebes Frauchen, liebes Herrchen!
Ihr seid Menschen, die uns Hunde verstehen.
Laßt euch nicht beirren.
Im Grunde eures Herzens seht ihr die Dinge richtig –
nämlich so wie wir.

Euer Hund

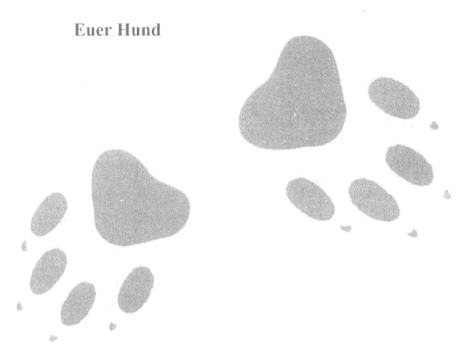

„ Ich wollte einen Hund, der nicht so teuer ist, der nicht viel frisst und der stubenrein ist !"

„ Wenn du im August geboren bist, dann bist du kein Hund, sondern ein Löwe !"

„Mir war, als hätte Hektor kurz gebellt!"

- Ohne Worte -

„ Der gemeine Postbote hat einfach zurückgebissen!"

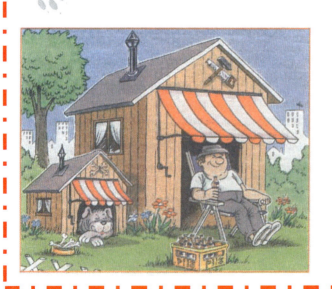

- Ohne Worte -

„ Ehrlich, ich habe nicht geknurrt – das war mein Magen !

„ Ich glaube, er möchte raus !"

„Ach übrigens, Bello, wie war es gestern im Flohzirkus ?"

„Haben Sie einen kleinen Hund mit rotem Halsband gesehen ?"

„ Glaubst du jetzt, dass mein Hund lesen kann ?"

„ So hatte ich mir das nicht vorgestellt, als ich sagte: Bleib in deiner Hütte !"

„ Wau, das bin ich ?!"

- Ohne Worte -

„ Der Hund hat so laut gebellt, dass wir den Einbrecher überhaupt nicht gehört haben ...!"

„Das wird Ihrem Hasso schmecken: Hundefutter mit Briefträgerhosen – Geschmack."

„ Bei der Glätte ist es tatsächlich riskant, ein Bein zu heben !"

„ Warum kann er nicht das Bein heben
wie andere Hunde auch ?"

„Ich habe ihn gefragt, ob er weiß, woher die ganzen Pudelmützen kommen!"

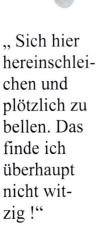

„Sich hier hereinschleichen und plötzlich zu bellen. Das finde ich überhaupt nicht witzig!"

„ Der blöde Hund verfolgt mich seit meinem Skiunfall."

„ Na denn, ich kann hier nicht den ganzen Tag herumtrödeln Fido wird sich sonst noch eine Erkältung holen .....!"

„ Kümmern Sie sich einfach nicht um ihn, dann läßt er Sie schon in Ruhe ...."

„ Du bist hier falsch, Bello ! Die Hundeschule ist nebenan !"

39

Es bleibt nicht bei einem ......

Du willst also ausstellen ? Das ist aber gefährlich,
es bleibt nicht bei einem Hund, sei doch mal ehrlich.

Einer ist garnichts, ein zweiter muß her !
Ein dritter ist einfach, ein vierter nicht schwer.

Ein fünfter erfreut Dich, mit nem sechsten wird`s gehen.
Ein Haus voller Hunde, macht`s Leben erst schön.

Warum nicht noch einen. Du traust Dich, nicht wahr ?
Sie sind wirklich ganz einfach, aber mein Gott das Haar !

Ein Hund auf dem Sofa, ein andrer im Bett !
Hungrige Mäuler in der Küche, das findest Du nett ?

Sie hören auf`s Wort und sind gar kein Problem.
Auch wenn`s einer mehr ist, wird`s immer noch geh`n.

Die Möbel sind staubig, die Fenster sind klar.
Der Boden ist schmutzig, das Sofa voll Haar.

Es leidet der Haushalt, man nimmt`s kaum noch wahr,
die Nasenabdrücke und überall das Haar.

So suchen wir Platz, der neue Welpe ist top.
Wir finden schon Zeit für Besen und Mopp.

40

Es gibt kaum ein Limit, dem Himmel sei Dank.
Ihre Zahl zu veringern, der Gedanke macht krank.

Jeder ist anders, Du weißt wer da bellt.
Das Futter ist teuer, der Tierarzt kriegt Geld !

Die Familie bleibt weg, Freunde lassen Dich in Ruh`.
Du siehst nur noch andere Hundeleute, die genauso leben wie Du !

Die Blumen sind tot, der Rasen ist hin.
Doch am Wochenende, hast Du anderes im Sinn.

Man meldet und reist, so ist der Trott.
Dazu die Hundesteuer, bald bist Du bankrott.

Ist es das wert ? Was machst Du da bloß ?
Doch dann kommt Dein Liebling und springt Dir auf den Schoß.

Sein Blick wärmt Dein Herz und um nichts in der Welt,
gäbst Du einen her, was bedeutet schon Geld.

Egal ob für Zucht, für Show oder Spaß,
für jeden gibt`s Platz, jeder dient zu irgendwas.

Die Winter sind mühsam, mal naß und mal rauh.
Die Hunde sind schmutzig und Du bist ganz blau.

41

Manche Abende sind grässlich, manchmal schreist Du im Haus,
denn die Hunde auf dem Sofa, die wollen nicht raus.

Die Hunde, die Show, die Reisen, die Sorgen,
die Arbeit, die Spannung, die Gedanken an morgen.

Es muß wohl was wert sein und muß Dir was geben,
denn sie lieben Dich alle, die Hunde in Deinem Leben.

Alles hat sich verändert. Nichts ist mehr gleich.
Du liebst Deine Hunde und Dein Leben ist reich !

„ Eigentlich ist er ganz friedlich – aber vielleicht mag er es nicht, daß Sie von seinem Teller essen !"

„ Hast du verstanden, Fiffi ? Den Ball kannst du ruhig liegenlassen. Die Hauptsache, du bringst mir die Hähnchen !"

„ Es fing damit an, dass ich die Zeitung holte!"

„ Du mußt bellen. Der meint nämlich: Hunde die bellen, beißen nicht!"

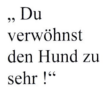

„ Du verwöhnst den Hund zu sehr !"

„ Warte es ab, bis er die Katze entdeckt hat ...!"

„ Kannst du nicht die Zeitung tragen wie jeder andere Hund ?"

„In meiner letzten Sendung habe ich gezeigt, wie man das Alter eines Hundes an seinem Gebiss erkennen kann ...!"

„Nächstes Mal wartest du gefälligst, bis ich die Leine gelöst habe, bevor du das Stöckchen holst!"

„ Er verwöhnt unseren Hund viel zu sehr !"

„Es ist mir vollkommen piepegal, ob er Ihnen beim Aufkleben der Briefmarken hilft oder nicht, Fräulein Schmitz!"

„Isser nicht süß, Herr Doktor! Immer muß er gleich alles nachmachen!"

„ Alfred ! Es ist Zeit für Rex !"

„ Feigling !"

„Keine Angst, wenn Sie ganz still liegenbleiben, beißt er nicht ...!"

„Vielleicht erinnerst du dich – wir sind zum Jagen hier!"

„ Nein, ich habe keine Angst per Anhalter zu reisen ! Warum ?"

- Ohne Worte -

„Es begann damit, daß er nur die Zeitung holte ...!"

„Los, der nächste – der Typ merkt **nichts!**"

„ Wenn ich ihn zu Hause lassen würde, käme ich nicht wieder rein!"

„ Wir brauchen entweder einen kleineren Hund, oder eine größere Hundehütte ......"

„ Klar ist er wachsam, man braucht ihn nur zu wecken und schon bellt er los !"

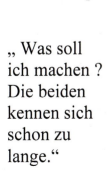

„ Was soll ich machen ? Die beiden kennen sich schon zu lange."

„Geh` zum Goldenen Anker und hol` ihn ...!"

„Wenn ich den erwische, der unseren Fiffi so vollgestopft hat!"

- Ohne Worte -

- Ohne Worte -

„Wer, zum Teufel, hat den Hund rein gelassen?"

„ Schnuffi hat sich mit einer großen schwarzen Dogge gebalgt."

„Ekelhaft. Überall diese Hundehaufen!"

„ Das Finanzamt hat mich gerupft, mein Chef hat mich zur Schnecke gemacht und jetzt fühle ich mich hundeelend!"

„ Warum bleibst du denn schon wieder stehen?"

„ Nanu?"

„ Jagdglück !"

„Ich habe ihm das nicht erlaubt – er ist einfach gestolpert und auf's Bett gefallen!"

Larry von der Fronwiese (9 Jahre) aus der Zucht Yorkshire Terrier von Schloß Sonnentor.
Weltsieger 1996, 1997, 1998.
Europasieger 1997, 1998.
Deutschlandsieger 1997, 1998, 2001.
Golden Globe Winner 1996
First Class Winner 1997
Internationaler Jugendchampion 1996

66

Zum Ausklang eine Geschichte aus dem Buch:
Meine geliebten Berge

Autor: Bernhard Zahn

Der kleine Freund

Mühsam schleppte er sich dahin. Fest auf seinen Stock gestützt quälte er sich auf dem schmalen Pfad den Berg hinauf. Die Sonne brannte erbarmungslos auf ihn herab unter unsäglichen Anstrengungen hing er seinen Gedanken nach.

Wie war er hierher gekommen und warum?

Schon am frühen Morgen stand der Aufbruch fest. Der Rucksack war mit dem Notwendigen gepackt und der Bergstock lag gut in seiner Hand. Seine Freunde, die Bergler hatten ihn gewarnt:

„Geh` nicht heute, du wirst es nicht schaffen. Es wird ein heißer Tag und wenn du Pech hast, gibt es noch ein Gewitter. Es ist nicht ungefährlich, hoch oben im Berg wenn die Blitze einschlagen und der Donner sich vielfach an den Wänden bricht. Steinschlag kommt hinzu und die Sturzbäche der Wassermassen, des unausbleiblichen Regens."

Das alles wusste er selbst und doch wurde er von diesen wenigen Worten am Vortag getrieben. Beruhigend redete er auf seine Freunde ein. Er sei ein alter Hase, versuchte er die Sache zu verharmlosen. Nur mit nachdenklichen Gesichtern konnte er die Bergler zurücklassen.

Der leichte Anstieg über freies Feld, das noch mit Tau bedeckt war, lag bald hinter ihm. Dann nahm ihn der Wald auf, mit seiner angenehmen Ruhe und Kühle. Kräftig schritt er aus und jeder Meter brachte ihn seinem Ziel ein Stück näher.

68

Doch auch das bohrende Gefühl der Hoffnung verstärkte sich von Minute zu Minute. Wenn der Mann recht hatte, mit dem er am Abend zuvor gesprochen hatte. Es war nicht auszudenken. Jedes Mal verzog sich sein Mund in unsäglichem Schmerz um dann aber im nächsten Moment in ein hoffnungsvolles Lächeln überzugehen. Dabei hüpfte sein Herz fast aus seiner Brust.

Nach ungefähr zwei Stunden trat er wieder aus dem Wald heraus und war der Meinung in einen Backofen zu treten. Die Sonne stand bei zehn Uhr und ihre Strahlen wirkten wie heiße Nadeln auf seiner nackten Haut. Nach wenigen Metern lief ihm der Schweiß den Rücken hinunter. Zur gleichen Zeit setzten auch die schrecklichen Kopfschmerzen wieder ein. Ganz langsam waren sie hinter dem linken Ohr hervor gekrochen um sich dann an der Schläfe festzusetzen. Das Pochen pulsierte am Anfang noch leicht. Er wusste aber, dass in spätestens einer halben Stunde der Eindruck entstand, der Kopf würde von innen heraus gesprengt werden. Die ersten Schweißtropfen sammelten sich an der Nasenspitze und tropften herunter auf den heißen steinigen Boden und verdampften mit einem leisen Zischen. Keine einzige Wolke stand am Himmel und die Hitze wurde von den Dolomitfelsen und den Steinen auf dem Boden zurückgeworfen. Jede Bewegung wurde zur Tortur und nur der eine Gedanke ließ ihn einen Fuß vor den anderen setzen. Längst war sein Vorwärtskommen nur noch rein mechanisch.

69

Der Steig, der sich steil und stet den Berg hinauf wand, verschwamm des öfteren vor seinen zusammengekniffenen Augen. Ab und zu benetzte er seine trockene Kehle mit etwas Wasser aus seiner Feldflasche, ohne dabei aber anzuhalten. Ein Stehenbleiben oder gar Hinsetzen wäre das Aus für sein Unternehmen gewesen. Kein einziger Windhauch war zu spüren. Kein einziges Tier war zu sehen oder hören. Hier und da vielleicht eine Grille, die aber auch nur ein kurzes Zirpen vernehmen ließ. Der Weg schien kein Ende zunehmen und der ersehnte Schatten war nirgends auszumachen. Der Schweiß trat ihm aus allen Poren. Nicht nur durch die unerträgliche Hitze, sondern auch durch die klopfenden und hämmernden Schmerzen in seinem Kopf. Der Drang sich irgendwo hinzulegen und nicht mehr aufzustehen wurde übermächtig in ihm. Die schmerzhafte Pein trieb ihn fast in den Wahnsinn.

„Du kannst nicht mehr!"

schoss es ihm durch den Kopf.

„Aus, vorbei, Ende der Vorstellung!"

Doch dann sah er wieder das kleine, liebe Gesicht vor seinem geistigen Auge. Die sanften Augen sahen ihn so durchdringend an. Mit einem gequälten Stöhnen, raffte er seine letzten Kräfte zusammen und kämpfte sich weiter den Berg hoch. Ganz plötzlich und unerwartet fühlte er sein Frühstück in sich hochsteigen. Das Übergeben war schrecklich und brachten seine Schmerzen auf ein neues Niveau. Er zwang sich zu einem Schluck Wasser und redete sich ein, dass es ihm besser gehen würde.

70

Doch das war natürlich alles nur das Vortäuschen falscher Tatsachen und bald musste er erkennen, dass alles wieder wie vorher war.

Endlich neigte sich der Weg, wurde flach und es kam ihm vor, als würde sich das Gelände vor ihm abwärts neigen. Er hörte Kuhglocken läuten. Eine kühle Frische hauchte ihm entgegen und das Gehen ging auf einmal leichter.

Doch es war die Ruhe vor dem Sturm. Bedingt durch sein verschleiertes Wahrnehmungsvermögen, entgingen ihm die Veränderungen in seiner Umgebung. Zwar stand die Sonne noch hoch am aber sie hatte viel von ihrer Kraft verloren. Der Himmel hatte sich an einigen Stellen mit Wolken bedeckt, die dunkel und drohend ein bevorstehendes Unwetter ankündigten. Ein frischer Wind kam auf, der den schweißgebadeten Wanderer plötzlich erschauern lies, Es dauerte nicht lange und die Sonne war verschwunden. Schwarze Wolken kamen nun schnell herangezogen. Dann setzte der Regen ein. Wie auf einen Schlag, goß es wie mit Kübeln, ohne jegliche Vorwarnung. Der Blitz, der erste Donner. Dann war das Inferno komplett. Ein Schauer nach dem anderen lief dem müden und kraftlosen Wanderer über den Rücken. Er fror schrecklich. Die höllischen Schmerzen in seinem Kopf taten das ihrige und es war nur noch eine Frage der Zeit, wann er zusammenbrechen würde. Mit einem Stöhnen kam das Aus.

Dunkelheit umgab ihn und den ungebremsten Aufschlag spürte er schon nicht mehr.

71

Der Fall in das Schwarz nahm ihm im gleichen Augenblick die Schmerzen und die Müdigkeit. Wie in weiche Watte, tauchte er ein in ein Gefühl der Schwerelosigkeit. Die Realität war entschwunden und er dachte, wenn das in seinem Zustand überhaupt möglich war:

„So soll es bleiben!"

Frei und unbeschwert versank er in ein endloses Nichts. Doch vor dem Gang über die Brücke zur Anderstwelt wand sich sein Bewusstsein wieder empor. Blinzelnd öffnete er seine Augen und war erstaunt über die Tatsache, dass seine Schmerzen und seine Müdigkeit kaum noch bemerkbar waren. Wie lange er gelegen hatte, konnte er nicht feststellen, da beim Sturz das Glas seiner Armbanduhr zerbrochen war und die verbogenen Zeiger bewegten sich nicht mehr. Als er sich langsam aufrichtete, dass die Sonne das Unwetter verdrängt hatte, aber auch schon im Begriff stand hinter den Berggipfeln hinabzusteigen in die Täler in weiter Ferne.

Er zog den Rucksack zurecht und griff nach dem alten Bergstock, der ihn auf schon so vielen Bergtouren begleitet hatte. Ein natürlich gewachsener Stab, der an seinem oberen Ende verknorrte und fünf einzelne Holzzapfen nach Außen hin bildete. Im Mittelpunkt dieser fünf Zapfen war ein echter Bergkristall eingelassen, in dem sich soeben ein letzter Strahl der untergehenden Sonne brach. Ein rotes Hundehalsband aus Leder wand sich zweimal um den unteren Teil des Griffpunktes.

72

Mit dem Sinken der Sonne und dem folgenden Dunkelwerden erwachte auch wieder die Müdigkeit in ihm. Ein nahestehender Heuschober ließ in ihm das Verlangen nach Ruhe und Schlaf aufkommen. Mit einem müden Lächeln auf seinen Lippen, steuerte er auf die halb verfallene Holzhütte zu. Im Innern legte er den Rucksack und den Bergstock ab und sank auf die wenigen Reste des am Boden liegenden Heues.

Kurz bevor er jedoch das Reich der Träume betrat, schreckte er plötzlich hoch. Wieder war vor seinem inneren Auge das liebe Gesicht mit den sanften, braunen Augen aufgetaucht. Er spürte, wie seine Hand das lange, weiche Haar streichelte und sich seine Finger spielerisch darin verfingen. Jäh erinnerte er sich wieder daran warum er diese mühevolle Wanderung angetreten hatte und was er hier oben eigentlich wollte. Er raffte alles zusammen, mobilisierte seine letzten Kräfte und machte sich erneut auf den Weg.

Der inzwischen aufgegangene Mond warf ein ausreichendes Licht auf die Landschaft um ihn her und das helle Gestein reflektierte es noch. Mit seinen guten, scharfen Augen kostete es ihn keine Mühe dem schmalen Steig zu folgen. Dieser wand sich jetzt leicht abfallend, in vielen kleinen Kehren, bergab. Nach einiger Zeit sah er in weiter Ferne das Licht einer kleinen Hütte. Auf dieses Ziel richtete er nun seine Schritte ein. Bald stand er davor und vernahm die Stimmen zweier Personen im Innern. Mit den Knöcheln seiner linken Faust klopfte er an die Tür. Die Unterhaltung dahinter brach schlagartig ab und eine bedrückende Stille machte sich breit.

Erst nach einer geraumen Weile öffnete sich die schwere Tür einen Spalt und das schmale, blasse Gesicht eines Kindes erschien darin.

„Was wünschen Sie, mein Herr?"

In gebrochenem Deutsch, mit leicht italienischem Akzent, wurde ihm diese Frage gestellt.

„Herrn Bruno suche ich!"
hörte er sich mit belegter Stimme antworten.

„Ist er nicht hier?"

Noch ehe sein kleiner Gesprächspartner eine Antwort geben konnte, wurde die Tür vollends geöffnet und gab ihm einen Blick frei auf den einzigen Raum der Hütte. Diese war säuberlich aufgeräumt und außer dem derben Tisch und den vier Stühlen in der Raummitte gab es einen gusseisernen Herd und in der hinteren linken Ecke eine notdürftige Lagerstatt. Verschiedenes Kochgeschirr an den Wänden rundeten zusammen mit einem kleinen Schrank das Gesamtbild ab. Doch noch ehe er seine Betrachtungen fortsetzen konnte hörte er die Frage:

„Was wollen Sie von ihm?"

Die Fragerin war eine Frau in den mittleren Jahren, mit dunklen Haaren und von kleinwüchsiger Gestalt. Doch ihre Erscheinung hatte trotzdem etwas an respekteinflösendem Charakter und lies keinen Zweifel daran aufkommen, dass sie jeglichen Situationen hier in den Bergen gewachsen war. Ihre dunklen Augen ruhten mit aufmerksamen und forschendem Blick auf ihm.

Er war sich bewusst, dass eine Lüge, die ihm jetzt über die Lippen kommen sollte, von ihr sofort erkannt werden und ihre Reaktion entsprechend ausfallen würde. Es gab aber keinen ersichtlichen Grund, ihr die richtige Antwort zu verheimlichen. Doch so sehr er ihrer Frage auch nachkommen wollte, er brachte kein Wort heraus. Wie zugeschnürt war seine Kehle und er schluckte einige Wortfetzen wieder hinunter, da es sowieso nur ein Gestammel gegeben hätte. Nur mit Mühe brachte er den Satz zusammen:

„Dürfte ich mich bitte setzen?"

Waren es sein müdes Aussehen oder sein mühsames Sprechen, auf jeden Fall sah sich die Frau veranlaßt, ihm einen Stuhl anzubieten. Nachdem er Rucksack und Bergstock abgelegt hatte, ließ er sich mit einem leisen Seufzen darauf nieder. Sie musste auch erkannt haben, dass er sehr durstig war, denn sie beeilte sich ein Glas Wasser vor ihm auf den Tisch zu stellen. Mit kleinen Schlucken trank er von dem kühlen Nass und bedankte sich mit einem müden Lächeln und einem Kopfnicken. Dann brachte er die, für einen Außenstehenden wohl unklaren Worte hervor:

„Der Hund!?"

Erwartungsvoll schaute er die kleine Frau an und schreckte zusammen, als die Türe zufiel. Doch es war nur der kleine Junge.

Am Anfang war er sich da nicht sicher, ob es sich bei dem Kind um ein Mädchen oder einen Jungen handelte. Doch jetzt war ihm das klar.

75

„Bekomme ich jetzt doch einen Hund , Mama?"
hörte er die klare Kinderstimme fragen. Doch mit einem kurzen Kopfschütteln hatte die Frau die Frage des Kindes beantwortet.
„Der Hund ?"
Ihr Gesicht war ein einziges Fragezeichen.
„Hat Herr Bruno nichts gesagt ?"
wollte er wissen und ein gequälter Ausdruck trat in sein Gesicht.
„Ich weiß nicht wovon Sie reden, mein Herr !"
Sie drehte sich bei diesen Worten um und so konnte er den dunklen Schatten, der über ihr Gesicht huschte, nicht erkennen.

Darauf herrschte eine bedrückende Stille und selbst der kleine Junge hatte sich auf die Lagerstatt zurückgezogen und spielte verträumt mit seinen Fingern.

Lange konnte er die Stille nicht ertragen und so begann er nach einer Weile zögernd seinen Bericht, der ihm vorher nicht über die Lippen wollte:

„Wissen Sie, vor längerer Zeit besaß ich einen kleinen, lieben Hund. Einen Yorkshire Terrier. Immer waren wir zusammen, viele glückliche Jahre. Doch dann, von heute auf morgen, war er plötzlich verschwunden. Einfach weg, so, als hätte es ihn nie gegeben. Überall habe ich ihn gesucht. Alle möglichen Leute habe ich gefragt und Anzeigen in allen Zeitungen aufgegeben. Habe meinen kleinen Freund genau beschrieben und gebeten, mir Auskünfte über seinen Verbleib zu geben.

Belohnungen wurden von mir angekündigt. Doch nie bekam ich irgendeine Antwort. Nun bin ich da und Sie sagen, dass Sie nichts von alledem wissen. Sie können mir glauben, nur die Hoffnung, meinen kleinen vierbeinigen Freund hier vorzufinden, hat mir die Kraft gegeben den weiten und beschwerlichen Weg zu gehen. Die Hitze und das Gewitter habe ich geradeso überstanden, aber wenn Sie mir nun eine negative Antwort geben, so wird mir wahrscheinlich das Herz brechen ......".

Er brach ab und eine Zeit lang war es in dem kleinen Raum still wie in einer Kirche. Dann drehte sich die Frau wieder um . Ihr Gesicht war ein Gemisch aus Mitleid, Ernst und Mitgefühl und mit rauher Stimme hörte er sie sagen:

„Bruno ist nicht da. Er ist heute schon seit dem frühen Nachmittag unterwegs. Er sucht verirrte Schafe und ich glaube nicht, dass er vor morgen Abend zurückkommen wird."

Etwas weicher und leiser fügte sie hinzu:

„Es tut mir leid Ihnen das sagen zu müssen, aber Bruno ist manchmal etwas eigenartig und sein Tun ist schwer zu durchschauen. Vielleicht hat ihn auch nur die Belohnung gelockt und dazu gebracht, mit Ihnen Kontakt aufzunehmen. Wir sind nicht reich, müssen Sie wissen."

Der letzte Satz klang wie eine Entschuldigung und war fast nicht mehr zu hören.

„Einen Hund, wie Sie ihn beschrieben haben, habe ich hier oben noch nie gesehen und bei Bruno auch nicht."

Sie schaute ihn dabei mitleidig an und wiederholte die Worte:

„Es tut mir leid!"

Eine unheimliche Veränderung ging in dem müden Wanderer vor sich. Sein Gesicht wurde grau, seine Lippen zogen sich wie unter einem unsäglichen Schmerz zu schmalen Strichen zusammen. Seine Hände begannen zu zittern. Nur mühsam konnte er sich auf dem Stuhl halten. Zwei große Tränen kullerten über seine eingefallenen Wangen und er schüttelte unablässig seinen Kopf. Kläglich zwängte er die Worte hervor:

„Sagen Sie, dass das nicht wahr ist!

Bitte sagen Sie es!"

Als sie seinem fragenden Blick auswich und sich wieder dem Herd zuwandte, schien er es endlich begriffen zu haben, dass er den weiten Weg umsonst gemacht und die Strapazen unnötig auf sich geladen hatte. Eine Welt brach für ihn zusammen. Die Hoffnung erstarb von einem Moment zum anderen. Eine Leere breitete sich in ihm aus, die unfassbarer und tiefer war als der größte Ozean. In unendlich langsamen Bewegungen und mit letzter Kraft stand er von seinem Stuhl auf. Er setzte den Rucksack auf, nahm den Bergstock und schob sich schwerfällig in Richtung Türe. Gerade als er sie erreicht hatte und sie öffnen wollte, sprach sie ihn wieder an:

„Sie können doch jetzt nicht fort. Es ist inzwischen Nacht und in Ihrem Zustand ist es garantiert nicht ratsam sich nun auf den Weg zu machen."

78

Er drehte seinen Kopf um und starrte sie an. Sie erschrak bei seinem Anblick, trat einen Schritt zurück und schlug die Hände vor den Mund. Es war, als würde ein lebender Toter vor ihr stehen. Die glanzlosen Augen lagen tief in ihren Höhlen. Die Haut war grau und eingefallen. Ein uralter Mann. Als er sich nach Draußen begab, ließ er die Türe offen und so konnte sie sehen, wie er langsam in Richtung seines Herweges in der Dunkelheit verschwand. Erst als seine Schritte schon lange in der Nacht verklungen waren, konnte sie sich aufraffen und die Türe wieder schließen. Sie setzte sich auf den Stuhl, auf dem er vorher gesessen hatte und konnte keinen klaren Gedanken fassen. Zu sehr stand noch das Geschehene im Raum. Viel später, Tage danach, erfuhr sie von Grenzbeamten, dass sie wahrscheinlich die Letzte gewesen war, die mit dem einsamen Wanderer gesprochen hatte. Seit dieser Nacht war er verschwunden. Eine ganze Woche hat die Bergwacht versucht ihn zu finden. Wie es sich herausstellte, war er einem Phantom nachgeeilt. Er wollte den Tod seines schon lange verstorbenen Hundes einfach nicht wahrhaben. Überall hat er ihn gesucht und hat sich dann, zum letzten Mal, auf den Weg gemacht. Er ging dorthin, wo er für immer mit seinem kleinen, vierbeinigen Freund zusammensein kann.

Den Staub an seinen Schuhen verwehte der Wind. Was blieb war der Hauch der Vergangenheit, die in der Zukunft endet.

Der beste Freund

Dass mir mein Hund das Liebste sei,
sagst Du, oh Mensch, sei Sünde.

Der Hund blieb mir im Sturme treu,
der Mensch nicht mal im Winde.

Da lacht der Hund
Die Vorlage dieses Buches behandelt den ersten Teil
Einer Sammlung von Witzen rund um den Hund.
Ein zweiter Band ist in Vorbereitung.